AF268053

L'HEURE A DIEU

DERNIÈRES PAROLES DU MANIFESTE

DE

MGR LE COMTE DE CHAMBORD

8 mai 1871

PAR

LE GÉNÉRAL CATHELINEAU

PARIS

E. PLON ET Cie, IMPRIMEURS-ÉDITEURS

RUE GARANCIÈRE, 8

1873

Tous droits réservés

L'HEURE A DIEU

4561

L'HEURE A DIEU

DERNIÈRES PAROLES DU MANIFESTE

DE

MGR LE COMTE DE CHAMBORD

8 mai 1871

PAR

LE GÉNÉRAL CATHELINEAU

PARIS

TYPOGRAPHIE E. PLON ET CIE

8, RUE GARANCIÈRE

1873

AVANT-PROPOS

Malgré la haine de la Révolution contre nos Rois, malgré les serments répétés de ses adeptes, d'en exterminer la race dans la branche aînée ; enfin, malgré le crime de Louvel,

Le 29 septembre 1820, Madame, Duchesse de Berry, mettait au monde un fils : Henri-Dieudonné.

L'Europe entière acceptait cette nouvelle avec enthousiasme ; pour elle, c'était un nouveau rameau de paix.

La France, parée comme un jour de fête et de triomphe, envoyait vers ce berceau royal toutes ses joies, tous ses vœux, et l'airain ne cessait à l'église et au camp de chanter de tous les éclats de sa voix puissante le nouveau sauveur, d'annoncer l'heure de Dieu.

Mais la Révolution trompée dans ses espérances va redoubler ses efforts et ses attaques.

Un jour, notre vieux Roi, si chevaleresque, guidé par

son grand amour du pays, marche droit à la gloire de la
France : il n'entend pas les protestations des voisins
intéressés et puissants; il n'écoute pas davantage les
tracasseries incessantes de nos révolutionnaires faisant
toujours et à toutes les époques le jeu des ennemis.

Le fier Bourbon, Charles X, fait planter le drapeau
de la France sur les côtes d'Afrique; la sécurité est
rendue aux mers infestées, et nous comptons une nouvelle conquête.

Au bruit de ce grand événement, la jalousie, chez
nos voisins, fait place à la surprise; l'étranger accepte
sans conteste.

Mais la Révolution est plus difficile; elle ne pardonnera
point aux Bourbons ce nouveau titre de gloire, au drapeau blanc cette victoire éclatante.

Et pendant que notre brillante armée est encore
occupée aux lointains rivages, de lâches agitateurs se
lèvent, foulent aux pieds les nouveaux lauriers, et
fomentent la révolte.

M. Thiers, jeune alors, faisait ses premiers essais
dans cette bande noire de démolisseurs.

Nous allons les suivre, ces terribles patriotes, et les
retrouver, toujours acteurs, au milieu des humiliations
et des désastres de notre malheureuse patrie; commen-
mençons par la révolution de 1848.

Ce fut une république; elle enfanta l'Empire; une

autre république, révolution toujours, le dévora, pour continuer notre ruine.

Dans ces dernières agitations, honte de notre pays, l'Enfant du miracle, le royal Exilé, se fait entendre à la France éperdue. Il donne de sages conseils et s'offre pour son salut ; lui laissant ces magnifiques paroles, l'expression du plus grand courage et de la plus généreuse résignation :

« La parole est à la France, l'heure à Dieu. »

A cette voix, le pays, étonné de ce langage si différent de celui des souverains d'aventure qui se sont joués de ses destinées, semble renaître; il regrette sa vieille Monarchie.

Cependant on entend des hommes insensés et ambitieux crier encore : Vive la République! et réclamer la Révolution.

Ils semblent avoir déjà oublié la sanglante guillotine, les bateaux-soupapes, le fer, le pétrole et le feu, les invasions étrangères.

Ils n'entendent plus les cris et les soupirs de nos malheureux frères sacrifiés.

N'attendez pas de moi cependant que j'aille chercher dans des considérations politiques acceptées par les uns, contestées par d'autres, la preuve de la nécessité pour la France de revenir à la Monarchie traditionnelle; nous perdrions à ce travail de discussions inutiles un temps trop précieux. J'aime mieux dans un cadre très-étroit, montrer les effets désastreux de nos révolutions, les peindre elles-mêmes par leurs actes ;

Montrer enfin la France ramenée à son Roi par Dieu lui-même.

Oui, Dieu nous appelle; après le châtiment, il nous apporte le pardon et l'oubli, et dans l'oubli la régénération. Couverts des armes du Ciel, entendons l'heure de Dieu, et avec la France disons : Vive le Roi !

CATHELINEAU.

Maison Jouanna, 5 octobre 1873.

L'HEURE A DIEU

I

La révolution de février allait disparaître. Chose étrange! nous trouvons les sages et les savants politiques de cette époque, occupés comme autrefois les ouvriers de la tour de Babel, à détruire, gaiement, en banquetant, l'œuvre qu'ils avaient édifiée et soutenue avec le rude travail de leur intelligente ambition.

La révolution de 1848 dévore sa sœur de 1830; elle prend un autre titre; elle s'appelle République; au premier instant, chacun semble l'accepter avec satisfaction.

II

Les légitimistes, fatigués de tant d'humiliations, se croient vengés; ils voudraient l'arrivée du Roi, et pourtant beaucoup d'entre eux feront des efforts pour consolider le nouvel état de choses.

Le clergé, au premier cri de république, respire,

lève la tête; oubliant le droit de la France, il croit à l'heure de Dieu, et, chose inconnue parmi nous, les emblèmes de la révolte, pris pour ceux de la délivrance, sont bénis par le prêtre.

La religion venait de subir une vraie persécution, peu comprise de ceux qui n'ont pas connu cette époque de scepticisme où le flot de l'impiété, soufflé par le vent d'en haut, montait toujours; il menaçait de tout envahir, et personne ne se croyait autorisé à élever une digue pour l'arrêter.

Quand on avait entendu ce mot de Liberté, chacun s'était cru libre, et travaillait à sa façon au salut du pays.

III

Par des circonstances inutiles à dire ici, je fus le premier à faire connaître à Monseigneur le Comte de Chambord, à Frohsdorff, l'avénement de la République.

La plus grande agitation, on pourrait dire une révolte générale régnait partout, en Italie, en Prusse, en Autriche, et partout la religion semblait mêlée à ce fiévreux mouvement. Je me rappelle encore avoir vu à Berlin des images du Pape au bas desquelles était écrit: *Vive Pie IX, sauveur des peuples!* Chez des protestants! quelle confusion!

Je trouve Monseigneur très-vivement préoccupé. On croyait, à Frohsdorff, à une révolution à Paris, mais on était sans aucune nouvelle. Toute la maison du Prince était anxieuse, le duc de Lévis surtout.

Monseigneur, agité par cette constante préoccupation du bonheur de son pays et son ardent désir d'y remplir sa mission providentielle, me questionna beaucoup, prit quelques jours pour réfléchir et travailler... puis me congédia. Cet adieu me bouleversa. Son regard, ses paroles m'avaient fasciné. Encore bouillant de jeunesse, il fallait l'entendre parler de la France, ce royal exilé ; comme il eût voulu partir, et partir à l'instant ! « Oh ! disait-il, si j'entends des voix qui m'appellent, je cours, je vole ! » Mais ces voix ne se firent point entendre, et ce Prince, avec une sagesse surhumaine, attendit la parole de la France, l'heure de Dieu.

IV

Combien, cependant, plus tard, légitimistes, orléanistes disaient : « Le prince ne veut pas régner : il est accoutumé à cette vie d'exil ; il ne songe plus à la France. S'il avait voulu revenir en 1848, rien n'était plus simple, tout le monde l'eût acclamé. »

Oui sans doute, il eût été acclamé comme il l'eût été hier par ceux qui discutent aujourd'hui, même par ceux qui protestent... s'il eût pu, en habile prestidigitateur, se trouver, un beau matin, assis sur son trône, bien installé, sans avoir inquiété aucun intérêt, dérangé aucune habitude.

A ces époques d'abaissement, l'enfer seul a d'infatigables apôtres. Ils travaillent sans cesse ; le mal triomphe sur toute la ligne ; et ceux qui se croient bons, oubliant leurs premiers devoirs de chrétiens et de citoyens, se complaisent dans la paresseuse attente d'un meilleur avenir. Ils n'ont pas la générosité de travailler à le faire naître, et cependant les peuples comme les individus peuvent se préserver du mal quand ils ne veulent point en subir les terribles conséquences. Le salut leur est toujours offert.

V

La France, encore éprise de la Révolution, était bien coupable. Dieu, dans sa colère, va lui donner le souverain qu'elle mérite.

Les citoyens, comme on dit, reconnaissent pour président de la République le second César, troisième du nom de Napoléon.

Il s'était engagé, avant son élection, à protéger Rome. Il tint sa parole cette fois, et bientôt furent chassés par notre vaillante armée, Garibaldi, et les frères et amis.

Le Saint-Père exilé put rentrer dans la Ville éternelle; c'était un vrai triomphe! Une demi-liberté d'enseignement nous est accordée; on fait de larges promesses au clergé, aux évêques surtout; on satisfera aux besoins des diocèses; on réparera les vieilles basiliques; on reconstruira de nouveaux temples.

L'armée est flattée, récompensée; partout on acclame le généreux président.

VI

Le nouvel Empire était formé et le tour bien joué.

Beaucoup espéraient... comme si jamais on eût vu sortir une fontaine de force et de vie d'une source empoisonnée ! Cependant des hommes considérables se retirent des affaires, et font de l'opposition. Elle ne pouvait les venger de la honte qu'ils devaient ressentir de s'être ainsi trompés, et d'avoir sérieusement compromis, par leur conduite, les intérêts du pays.

Et il était trop tard pour enrayer le char du triomphateur ; le peuple avait été lancé à sa suite par l'exemple d'en haut : rien ne pouvait plus l'arrêter ; sans guide et sans frein, il devait le suivre jusqu'au précipice.

VII

« L'Empire c'est la paix », avait dit Napoléon ; et voilà la guerre déclarée à la Russie, la guerre en Italie, contre l'Autriche.

La première n'avait point ému sensiblement l'opinion publique : la seconde inquiétait les catholiques, qui commençaient à se montrer et à former un parti en France ; mais une déclaration de protéger le patrimoine de Saint-Pierre vint les rassurer.

Cette tranquillité fut de courte durée. En effet, à la

suite des victoires, on vit la révolution italienne s'abriter derrière le roi de Piémont, et travailler activement à l'unité de l'Italie.

Napoléon semblait blâmer et repousser ces projets, et en réalité il allait les favoriser et les soutenir comme s'il en avait été l'initiateur. Quelle folie!

Mais la Révolution est une hydre qui dévore ses propres enfants. Aussi, à ce titre, la France va marcher rapidement vers sa ruine. Cependant on commence à s'effrayer d'une politique si nouvelle et si contraire à celle de nos anciens Rois. Ils avaient constamment travaillé à entourer la France de petits États derrière lesquels son génie pouvait avec toute liberté concevoir et exécuter ses vastes desseins de grandeur et de gloire.

VIII

Tout était noir; l'avenir semblait caché; quelques âmes d'élite, réduites à la plus rigoureuse inaction, seules espéraient encore.

Ce fut à cette époque qu'à une réunion de Vendéens et de Bretons, mon brave ami Laville-Marqué, dans un chant prophétique à mon sujet, s'écriait en peignant ses sentiments et les nôtres : « J'attends l'au- « rore, car il fait nuit. » Magnifique et profonde pensée d'espérance.

Pour le suivre, je vais me hâter de traverser la nuit. Au moment où j'écris ces lignes, déjà l'aurore embrase notre horizon ; il nous annonce le plus beau jour, l'heure de Dieu, le cri de la France, ce cri qui ne cessa de retentir dans l'Ouest, dans le Midi tant calomnié : « Dieu et le Roi ! »

Pendant tous ces événements, les légitimistes dévoués à leur pays vivaient à la campagne, enseignant la bonne culture et faisant le bien au milieu des populations qui les entouraient.

Le comte de Chambord, très-attristé, passait ces trop longues années avec quelques courtisans de l'exil.

Il parlait sans cesse de la France, et déplorait son impuissance en face de ses malheurs, restant toujours plein de la plus ferme espérance pour l'avenir.

La Révolution continuait sa marche en Italie. Le patrimoine de l'Église était menacé.

IX

Le Souverain Pontife se crut dans la nécessité de s'entourer de troupes sûres. Ne sachant s'il pouvait encore compter sur l'Empereur, il fait appel au dévouement d'un de nos plus braves et plus habiles généraux.

La Moricière était un vrai militaire. Catholique fervent comme un néophyte, il accepta cette mission avec empressement et se mit aussitôt à l'œuvre, car tout était à faire.

Au premier cri d'alarme, des Français arrivent à Rome. Tous sont légitimistes : la Bretagne, la Vendée y sont représentées par leurs porte-bannières, et ces hommes vont se battre cemme des lions, disons mieux, comme des chrétiens avides du martyre.

X

Mais quel rôle jouera l'Empereur? Il doit à Pie IX sa liberté, sa vie peut-être, car il n'a pas oublié le château Saint-Ange. Il a tout promis pour l'Église. Que va-t-il faire? Garantir ses biens attaqués? Non! La trahison est consommée! On gardera pour la forme certains ménagements, on attendra.

Ainsi se précipitaient les événements à Rome, sous le masque de la plus hypocrite protection d'une part, de l'autre sous l'action la plus marquée de dévouement à l'Église, à ses droits et à son représentant, l'illustre Pie IX, toujours salué par ses vaillants défenseurs comme Pontife et Roi.

Le génie du mal, dans son ambitieuse rage, vient de s'égarer; il attaque l'Épouse du Christ; son triomphe ne sera plus de longue durée : déjà dans cette nuit si sombre j'entrevois l'aurore, j'entends quelques tintements de l'heure de Dieu.

XI

En effet, le pacte du ciel se renouvelait avec la vieille France. Ses enfants mouraient pour l'Église, leur sang criait miséricorde, ils demandaient pour la paix de la terre la ruine de la Révolution, le triomphe du droit à Rome et dans leur bien-aimée patrie.

Et les peuples regardaient. Les catholiques et les légitimistes, unis pour toujours, chantaient ensemble la mort de ces héroïques victimes. Ils encourageaient la résistance de cette poignée de généreux soldats : inscrivant les apparentes défaites au nombre des plus éclatantes victoires de l'Église, et leur nom de zouaves pontificaux dans les plus belles pages de l'histoire.

XII

La Révolution cependant nivelait tout en Italie. Naples, le patrimoine de Saint-Pierre étaient envahis par elle. Son premier soldat était Garibaldi, et Victor-Emmanuel le chef apparent.

L'Empereur, immobile spectateur de ces iniques spoliations, se contentait de dire : « Faites, mais faites vite. »

On fit trop vite, car ce développement de puissance, favorisé et encouragé, fut la plus grande faute politique de notre époque.

Au seul point de vue de l'exemple, cette constitution de nationalité, basée sur un même langage ou des intérêts identiques, devait produire de terribles effets.

XIII

M. de Bismarck, aussi habile qu'ambitieux, se hâte
de profiter de l'isolement de l'Autriche et de son affai-
blissement par nos armes. Il l'attaque, remporte une
grande victoire, et place la Prusse à la tête de la Confé-
dération germanique, qu'elle ne tarde pas à absorber.

Dès ce jour, la lutte devait se prévoir contre la
France, et l'enjeu coûter cher aux vaincus. L'Empereur,
aveuglé, assistait froidement à ces transformations
effrayantes ; quelques ministres seuls paraissaient com-
prendre toute l'importance des fautes déjà faites. Ils
songeaient, je ne dirai pas à les réparer, chose fort difficile, mais à les paralyser. Ils voulaient se préparer
contre toute éventualité : les républicains s'y opposèrent.

XIV

Un malheureux incident, parti d'un pays dont les
agissements excentriques semblaient indifférents depuis
des années à toutes les puissances, vint enfin ouvrir les
yeux à l'Empereur et effrayer son entourage.

Il s'agissait du trône d'Espagne offert à la Prusse et
accepté par un de ses princes.

Les Pyrénées ne s'étaient pas abaissées, et la désor-
ganisation si complète de nos voisins ne pouvait nous
donner d'ici longtemps de grandes inquiétudes de ce

côté-là ; mais on avait compris le danger : ce colosse que nous avions fait grandir nous apparut effrayant.

Loin de se préparer avec activité et adresse à l'arrêter dans ses vues ambitieuses, on agit avec précipitation et sans la moindre prudence.

Cette malheureuse guerre est déclarée !

Dieu, dans sa justice, châtie et récompense les peuples ; les uns tombent pour se relever et renaître plus puissants, les autres grandissent, puis s'effondrent selon ses desseins, emportés vers leur destinée, disent nos philosophes.

La France, folle d'orgueil, s'avance dans la lutte sans lever les yeux au ciel.

La Prusse, au contraire, semble prier ; elle veut la victoire pour dominer le monde, lui imposer ses erreurs, et détruire le culte de Dieu.

XV

Notre armée marche vers l'ennemi ; elle court, et, hors d'haleine, elle tombe impatiente sur ces lourds et impassibles bataillons allemands. Vingt fois elle revient à la charge, vingt fois elle est repoussée ; elle ne peut les enfoncer.

O glorieux vaincu de Reichshoffen, toi l'ami de la victoire, quelle douleur dut éprouver ton âme ! c'était la première épreuve.

La Providence en réservait de plus rudes à ce vaillant capitaine; elle le façonne, et le prépare à la mission qu'elle lui destine.

XVI

Ce premier échec fut le prélude de grands revers. L'Empereur, jusque-là plein de confiance dans son étoile, se croit entraîné par la fatalité; il précipite les ordres, il s'agite; bientôt il ne commande plus : la confusion règne partout; la résistance ne porte aucun fruit.

Avec lui 80,000 hommes sont acculés à Sedan, et le reste de l'armée est enfermé dans Metz avec Bazaine.

O jour de deuil et de terrible souvenir, quelle main pourra t'effacer de notre histoire? Pauvre France, te voilà donc immolée! Cet homme voulait régner, il ne sait pas mourir, quand sa mort peut tout racheter, tout sauver encore.

Sans mesurer la profondeur de sa chute, il choisit la honte et la vie.

Ne devait-il pas s'offrir en holocauste au ciel irrité? Et cependant, dans cette nuit fatale qui précéda nos malheurs, l'Empereur à Sedan, Bazaine à Metz, durent voir devant eux se dresser debout l'ombre vengeresse et sanglante de Maximilien. Napoléon se rappela cette reconnaissance à Pie IX, vingt fois jurée, vingt fois oubliée, enfin Rome immolée et les intérêts et la gloire de tous ces Français, qui, par millions, viennent de l'acclamer de leurs voix... Et l'honneur de notre vaillante armée, qu'en fera-t-il?

Non, rien ne peut remonter cet homme tombé : l'heure du châtiment est arrivée, il faut qu'il le subisse; il vivra et consommera notre honte.

Les aigles de l'Empire sont abaissées, humiliées; on élève le drapeau blanc.

A la vue de cet emblème de paix, les ennemis cessent le feu, et l'Empereur s'avance pour livrer aux vainqueurs ses aigles et 80,000 hommes avec armes et bagages.

XVII

Avant de quitter ce théâtre de si poignante douleur pour notre brave armée et notre pauvre pays, arrêtons-nous un instant auprès d'un noble blessé. Le maréchal de Mac-Mahon était le chef de cette armée; elle se bat, fait avec lui des efforts désespérés. Enfin il est atteint par le feu de l'ennemi. Il tombe! Dieu voulait conserver intacte cette grande figure. Il accepte son sang comme un pur sacrifice, et lui épargne et la défaite et la reddition.

Honneur au vaillant soldat sans peur et sans reproche !

XVIII

La nouvelle de cette catastrophe arrive à Paris. Aussitôt la révolte est dans la rue, à la Chambre.

Parmi les députés, les uns manquent d'initiative, les autres sont paralysés dans leurs efforts rendus inutiles.

L'opposition triomphe. Autrefois sa résistance avait préparé nos malheurs; aujourd'hui, sans honte et sans remords, elle crie à la trahison, et la France sacrifiée est de nouveau livrée à des ambitieux incapables.

Encore une république. C'est désormais le nom de toute révolution. Cette fois, pas d'appel au pays. Paris, dit-on, en est le cœur et la tête. Il peut tout créer à lui seul.

Un gouvernement se forme entre amis, il se fait reconnaître à l'hôtel de ville, et l'on est prêt à lutter contre l'ennemi vainqueur. Biéntôt écrasé, il sera, dit-on, repoussé jusqu'au fond de son propre pays.

Néfastes époques que celles de ces révolutions! Elles ne peuvent être comprises que de ceux qui les ont vues, tant elles sont en dehors de toute conception d'intelligence et de sagesse!

Et nous tous, spectateurs de ces tristes jours, quelle main nous arrêtait donc, paralysait notre amour du pays et notre courage? Était-ce lâcheté de notre part? Non! Dieu le voulait ainsi : les épreuves n'étaient pas terminées, tous les essais n'étaient point épuisés : il fallait attendre l'heure du salut. Enfin ce gouvernement imprudent se met à l'œuvre. Sedan eut son piédestal, il ne trouvera pour couronne que les lauriers flétris de Metz et de Paris, et de tant d'autres villes livrées avant le temps ou trop faiblement défendues.

Né de la honte, il n'éprouvera que des défaites. Après les malheurs que nous venons d'esquisser, si ces hommes du pouvoir avaient eu la moindre sagesse et compris l'intérêt du pays, ils auraient essayé de traiter de la paix et laissé retomber toute responsabilité de cette guerre imprudente sur son principal auteur. Ainsi l'honneur de la France eût été ménagé, ses provinces conservées.

XIX

Mais c'est le contraire qui a lieu. « La guerre à outrance ! » crient ces fiers républicains. « Pas une pierre, pas un pouce de terrain ne seront cédés à l'ennemi. » Beau langage. Où sont les armes, les officiers, les généraux, les soldats ? Quel sera le cri de ralliement ? Vos drapeaux sont tombés. Sous quelle bannière, sous quel chef se produiront ces miracles ?

Hélas ! on vit une grande agitation, des multitudes appelées sous les armes, des généraux habiles donner leur travail, leurs soins les plus actifs ; mais une direction unique, sûre et énergique manquait partout.

XX

Les membres du gouvernement, bien moins occupés du salut de la France que de leur ambition personnelle et de l'avenir de leur république, croyaient atteindre leur but en prolongeant la résistance; mais elle sera funeste à leurs projets.

En effet, les républicains, à quelques exceptions près, car j'en ai connu de très-braves, se casaient dans les ambulances, les intendances. On ne les rencontrait pas facilement au feu.

Ils laissaient volontiers les hommes du vieux sang marcher en avant et prodiguer leur vie. Aussi cette lutte désespérée, organisée par la république pour son propre triomphe, devient-elle entre les mains de la Providence la cause de la réconciliation de la France avec sa vieille devise : « Dieu et le Roi. »

Partout ces seigneurs, ces nobles que la Révolution nous représente comme les tyrans du peuple ou des êtres paresseux ou inutiles, sont au premier rang.

Entourés de leurs paysans, pour la famille et la patrie, ils marchent, ils volent à l'ennemi. Leurs nouveaux soldats les suivent, les admirent et les bénissent, et le vieux pacte d'union et d'estime est de plus en plus resserré entre eux.

Des volontaires, les Vendéens, prient Dieu pour braver la mort et devenir invincibles; ils se consacrent à la Vierge Marie; ils attachent des sacrés-cœurs sur leurs poitrines, et les Prussiens disent qu'ils furent de rudes Français, de vaillants soldats.

Sous la conduite de Charette, les zouaves pontificaux, obligés de quitter Rome envahie, viennent partager la résistance. Ils se sont vaillamment battus pour le pays et l'Église. Pour la France, leur patrie, ils feront des prodiges.

Une bannière du Sacré-Cœur leur est offerte par des femmes pieuses et vraiment françaises. Ils la teindront de leur sang; vingt bras qui la portent pourront tomber, vingt autres la relèveront. Elle restera comme un nouveau gage de la nouvelle alliance et de l'approche de l'heure de Dieu.

Le dictateur lui-même, surpris et vaincu par le courage de ses ennemis politiques, est obligé de déclarer que les hommes du droit sont de fiers combattants et des meilleurs citoyens.

XXI

Cependant l'ennemi, comme un torrent débordé, allait envahir la France entière; dans la prostration, cette pauvre nation appelle des hommes de paix avec mission de rassasier les vainqueurs; car elle ne voulait plus essayer de résister.

Elle avait désigné surtout cet homme d'État qui pendant la guerre avait toujours cherché la paix : l'Assemblée se réunit à Bordeaux, forme un gouvernement, et le choisit pour son chef.

Une trêve est conclue... l'ennemi rétrécit ses lignes. Paris impatient peut respirer et vivre plus à l'aise; mais ces farouches républicains, plus aptes aux émeutes de l'hôtel de ville qu'au feu des remparts, refusent d'accepter l'Assemblée et son gouvernement.

XXII

Au moins, dans ce moment solennel, l'humiliation de la défaite aurait dû calmer et ramener à l'amour de la patrie ces citoyens égarés. Non; ils avaient fomenté et acclamé la République; elle ne leur suffit plus : ils veulent la Commune, et ces armes qu'ils trouvaient insuffisantes contre l'ennemi, ils vont, sous ses yeux, les saisir, et commencer au nom de la liberté une guerre fratricide.

Ces nouveaux patriotes ne sont pas des hommes, ce sont des monstres : ils rappellent 93. Fille de la République, la Commune surpasse sa mère en horreurs et en incendies; elle veut détruire, immoler, et détruire encore.

Après tant d'épreuves et d'aussi grands malheurs, d'où vient donc cette nouvelle folie? Elle vient encore de la Révolution.

XXIII

D'autres villes menacent de suivre le triste exemple de la capitale. Le chef de l'État travaille, il réorganise les forces. En même temps il traite avec la révolte, et pour la calmer, il n'hésite point à devenir parjure en violant les engagements pris hier envers ceux dont il tient le pouvoir. Grande faiblesse; elle portera des fruits bien amers, en grandissant l'espoir de la révolte et dévoyant pour toujours cette haute intelligence. La France l'avait appelée à son aide; un jour elle sera obligée de s'en priver, malgré les services rendus.

XXIV

Cependant, en face de la Révolution voulant toujours détruire, deux puissances restent debout : l'Assemblée, l'armée.

L'armée humiliée veut se relever; elle accourt vite aux accents de la France agonisante; elle se reforme rapidement, et sous la conduite de son vaillant chef, notre guide aujourd'hni, elle abat enfin la tourbe révolutionnaire, qui avec le glaive et la torche répandait devant elle le feu et le sang.

La victoire, chèrement achetée, fut complète.

XXV

Une voix venant de loin s'était fait entendre pendant
cette horrible lutte. Ses accents paternels vont au cœur
de la France ; mais grand nombre de ses enfants, égarés
depuis longtemps, disaient :

« Cet homme qui parle est trop parfait pour nous ; il
n'est pas de notre époque, il ne la comprendra pas. »

Et sans répondre aux objections, nous laissant toute
liberté, la voix s'élève et dit : « La parole est à la
« France, l'heure à Dieu. »

Et la Révolution rugissait en voyant ces mots qu'elle
n'avait point voulu entendre, rester inscrits en carac-
tères ineffaçables.

Quelle modération de langage, quelle sagesse mon-
trait à cette heure critique le descendant de saint Louis,
le petit-fils de Henri IV !

Cette retenue, cette attente si passive paraissent
inexplicables, incompréhensibles à ceux qui connais-
sent cette intelligence si active et si féconde, ce cœur si
grand et si chaud !

XXVI

Jusque-là, l'Assemblée, effrayée du fardeau qu'elle
devait porter, ne connaissant pas bien la route à suivre,

et sans guide qui lui inspirât grande confiance, semblait hésiter.

Les députés avaient été nommés pour conclure la paix avec l'étranger, cicatriser les profondes blessures de la guerre, donner des institutions durables au pays, réparer ses forces abattues, et ils assistaient à l'égorgement des citoyens entre eux !

Ce fut alors qu'apparut le manifeste du 8 mai, vaste programme du plus sage et du plus sûr des gouvernements, prenant de sa base au sommet Dieu pour principe et pour appui.

A cette voix, la majorité est transformée ; elle tressaille, elle espère pour la France, et pour hâter la délivrance et appeler l'heure de Dieu, elle ordonne le 13 mai des prières publiques, et reprend ses travaux avec plus de confiance.

Elle abroge les lois d'exil, réparant ainsi les injustices du passé pour faire naître, de l'oubli des fautes, l'union, base de la nouvelle alliance de la France avec la plus grande famille de ses Rois.

XXVII.

Pendant nos malheurs, plusieurs des princes d'Orléans s'étaient inutilement présentés pour combattre l'étranger ; ils ne furent point acceptés. Le comte de Chambord, que faisait-il ? Il était là aussi ; car nous y étions, sachant que nos purs républicains ne voudraient pas accepter son sang, même s'il eût pu repousser l'ennemi et venger son pays; il excitait le courage de ses amis, et leur ouvrait sa bourse pour l'organisation de leurs volontaires. Pourquoi taire plus longtemps le bien qu'il fit?

Il s'approchait le plus près possible de cette France dont l'entrée lui était interdite, et là, anxieux, il écoutait, il attendait.

XXVIII

Les légitimistes, eux aussi, qui le croira? avaient eu assez de peine à obtenir le droit de combattre, mais leur énergique dévouement avait vaincu toute résistance. Au moment de la paix, ils sont nombreux et puissants. Que vont-ils faire de leurs armes?

Ces farouches ennemis de la liberté vont-ils proclamer la monarchie? Marcheront-ils contre des coupables égarés? Non, ils remettront l'épée au fourreau, et derrière le Roi, leur maître, avec un sublime patriotisme, ils attendront l'appel de la France, l'heure de Dieu.

XXIX

A peine la barrière de l'exil est-elle abaissée que Monseigneur accourt à Chambord, pour y respirer l'air de la patrie. Des serviteurs zélés s'empressent de l'entourer, et dans leur désir de rendre au pays la stabilité et la puissance dont il a si grand besoin, ils apportent des combinaisons.

Mais ces hommes de bien qui cherchent la paix vont faire naître une certaine agitation : ils voulaient l'oubli du passé ; et cependant ils ont à la main les signes qui doivent en raviver les plus tristes souvenirs. .

A cette vue, l'héritier des Rois se redresse sur le sol de France, qui l'a rajeuni, et de sa main vigoureuse il saisit le vieil étendard.

Il parle de paix et de liberté ; dans son langage puissant, il flétrit l'erreur et proclame la vérité ; il félicite l'armée de ses efforts héroïques, et dit aux ouvriers de la ville et des champs ses vives préoccupations pour leur sort.

La France, étonnée, regarde avec orgueil ce fier rejeton de l'arbre de vie : elle a compris qu'elle pourra parler à cette grande âme : elle espère ! La presse fait entendre de magnifiques accents.

Mais la Révolution est toujours au pouvoir ; son chef frémit en revoyant ce drapeau si fièrement tenu : il se rappelle le passé, et il prêche la discorde.

XXX

Revenons aux événements ; ils marchaient lentement, lorsque M. Thiers vient les précipiter en déchirant le premier contrat d'attente. Il propose l'établissement de la république, d'une république conservatrice : il faut avouer que cette forme de gouvernement, pour être présentée après ces excès à des gens sages et prudents, avait besoin de cette épithète. Disons-le, elle ne fut point suffisante pour rassurer les inquiétudes de la majorité de la Chambre, qui depuis ce jour fut plus agitée.

Un austère républicain, honoré d'abord de la presque unanimité de l'Assemblée, quitte la présidence. M. Buffet lui succède, le moment de la lutte approche ; cependant la préparation aux élections de Paris fait diversion pour un instant. Un républicain des plus écarlates sort de l'urne ; tous espèrent que cette nouvelle épreuve éclairera enfin l'esprit de ce vieillard imprudent. Vain espoir ! « Il n'y a, dit-il, aucun péril : laissons marcher les triomphateurs. »

Assis sur un volcan qui rappelle la Commune et ses égarements, il forme, inconscient du danger, un ministère républicain conservateur, et présente à l'Assemblée comme gouvernement de salut cette république vaincue la veille.

XXXI

Le combat s'engage alors entre le chef du pouvoir et la majorité. Le nouveau président de la Chambre, en général habile, compte ses hommes, leur donne l'avantage du terrain : ils sont victorieux. La conservatrice perd son principal appui, et croule dans la radicale, où elle penchait très-fortement d'avance. Le gouvernement est renversé, et le coup de mort donné à ces conservateurs qui se disent de sages réformateurs et ne sont en réalité que des utopistes funestes.

XXXII

Il fallait nommer un chef du pouvoir. La majorité acclame le maréchal de Mac-Mahon. Ce loyal soldat ne veut point accepter ce mandat ; mais la Providence l'a réservé pour lui servir d'instrument de salut.

Grand par la naissance, plus grand par ses actes, il était le chef aimé de l'armée, dont il a toute la confiance : il devait être celui du pays dans ces luttes décisives.

Sa politique est sa parole ; son ambition, l'honneur et la grandeur de la patrie.

Aussi la France reprend confiance, et l'Assemblée continue ses grands travaux avec le calme et l'assurance que donne la force. Cette force, cette énergie augmenteront désormais en raison des besoins du pays, soutenues par la vaillante épée du maréchal.

Le calme se fait.

XXXIII

Le comte de Paris part et se rend auprès du comte de Chambord. L'action des hommes a disparu. Le prince arrive à l'heure de Dieu, qui cimente cette union. La France bientôt pourra se reposer de ses terribles secousses, se rajeunir et grandir encore.

Immense événement, objet de bien des préoccupations. Que d'efforts ne semblait-on pas faire pour le produire ! Que d'obstacles ne fallait-il pas surmonter ! Et voilà qu'un jour, dans le silence du recueillement, la France apprend que la Révolution est vaincue. Par un élan du plus pur dévouement, le comte de Paris a présenté au Roi son cousin et ses hommages et ceux de tous les siens.

XXXIV

Mais ce profond travail de régénération se produira lentement. En effet, après cet acte d'union, on devait supposer que la France ne serait plus séparée qu'en deux camps : celui des monarchistes, celui des radicaux. Il n'en est point ainsi. Parmi les monarchistes, beaucoup hésitent aujourd'hui qui, hier, appelaient ces événements de tous leurs vœux.

A ce sujet, je ne puis oublier l'opinion de deux hommes considérables dans la presse. En avril 1871, nous nous rencontrions à la préfecture de Versailles, devenu le siége du gouvernement.

Ces messieurs m'entourent, et après m'avoir remercié chaleureusement de ma conduite contre l'étranger, ils ajoutent : « Vous avez fait faire un pas de géant à votre « cause en montrant combien chez vous le patriotisme « peut inspirer de sagesse sans nuire à la plus grande « énergie. Si vos amis sont aussi sages, avant peu vous « verrez le triomphe de la légitimité. »

C'était la première fois que je revoyais ces messieurs depuis la guerre ; ils m'avaient encouragé, soutenu de leurs paroles et de leur plume ; ils étaient contents : j'en éprouvais une grande joie ; c'était une vraie récompense. Aussi ce souvenir est-il resté vivant dans mon esprit.

Cependant un de ces deux directeurs hésite, discute, l'autre proteste. Je leur demanderai s'ils se souviennent encore de ces jours où il me fallait m'incliner bien bas devant nos souverains républicains pour obtenir la faveur de combattre l'ennemi de mon pays.

Ils admiraient ma résignation, ma persévérance, et ils ne voyaient pas cependant tout ce qu'il y avait de douleur dans mon âme, de sacrifices faits à l'amour de la France par mon acceptation de la république, et de quelle république !

Eh bien ! je vous le demande, m'avez-vous entendu discuter les ordres de ces chefs ? M'avez-vous vu mar-

chander ma vie? Non. Le sol était envahi; je remettais
à plus tard toute discussion, j'obéissais.

Aujourd'hui la France est aussi malade qu'alors.
L'hydre révolutionnaire convoite sa proie; elle veut
dévorer la famille, l'enfer veut enlever toute croyance.

XXXV

Pour se relever, il lui faut le concours de tous ses
nfants, il lui faut un pilote habile: appelons donc,
entourons celui qui peut nous redonner la vie et la
force. Ce chef est honnête, et quand nous aurons
vaincu nos terribles ennemis et traversé toutes les dif-
cultés, ensemble alors, vous et moi, nous demande-
rons des institutions, nous les discuterons. Un père ne
fut jamais un tyran : celui-ci règne avec le glaive, ce-
lui-là gouverne avec le cœur.

XXXVI

D'autres disent : Prenez garde, la Prusse et l'Italie
vont se liguer contre la France si elle rétablit la monarchie; l'arrivée d'un Roi, c'est la guerre. Et moi je ré-
ponds : C'est la paix. Le jour où le pays aura un gouvernement aussi fort qu'honnête, il sera respecté. On
connaît sa puissance; on sait qu'il ne doit ses revers
qu'à ses égarements.

Et tous les vrais Français, fiers de leur patrie, prêts à se sacrifier pour sa gloire, diront comme moi : Avec sa belle armée, ses ressources infinies et son exubérante vitalité, elle peut redevenir l'apôtre du bien, le répandre tout autour d'elle sans tirer l'épée, qu'elle veut avec raison laisser dans le fourreau.

Mais tranquillisez-vous. Aux prières hypocrites de nos voisins, Dieu irrité a accordé des victoires, victoires de ruine ; en effet, elles ont apporté avec l'orgueil la Révolution. Son cœur, au contraire, a entendu les gémissements de la France, il veut la relever, il va lui redonner ses Rois.

XXVII

Ce grand événement de la Monarchie, préoccupation de tous les esprits, est la récompense de l'hommage rendu à la Divinité par l'Assemblée... Elle veut élever, à Paris, un temple dédié au Sacré-Cœur.

Cet hommage appelle l'heure de Dieu. Ne vient-elle pas quand je vois encore cette immense multitude de pèlerins de toutes les contrées, de toutes classes, de tout âge, hommes, femmes, enfants, vieillards, savants et simples, prêtres et fidèles, sillonner la France en tous sens et couvrir tous les sanctuaires, porter leurs prières et leurs vœux pour l'Église et pour la France ?

Quand j'entends leurs chants suppliants partir de la terre et répétés par l'écho des cieux, mon esprit est transporté aux premiers âges de la foi, à cette époque de martyre et de miracles qui faisait les héros chrétiens. Mon âme régénérée jouit du règne de Dieu.

Il est descendu sur la terre, ce règne de paix et de force. A Paray-le-Monial, c'est celui de son divin Fils : il apparaît tout miséricordieux. Il ne montre que son cœur, d'où s'échappent, comme d'une fontaine intarissable, des torrents de grâce et de force.

Marie, la Reine du ciel, appelle les fidèles du nord au midi, de l'est à l'ouest; partout ses images vénérées font des prodiges. L'impie, à moitié vaincu par ces imposantes démonstrations, dit dans ses faibles et inconvenantes attaques : « Mais la Vierge de Fourvières sera jalouse de la Vierge de Lourdes. »

Non, non, regardez! Pendant qu'on accourt en foule à Notre-Dame de Lourdes, des pèlerins aussi nombreux gravissent la montagne de Fourvières; d'autres, à Marseille, montent les degrés répétés de Notre-Dame de la Garde.

Dans l'Ouest, les chapelles de Notre-Dame du Chêne, du Marillais; dans l'Est, celle de Notre-Dame de Sion, et tant d'autres dont l'énumération remplirait des feuilles entières, sont envahies par des multitudes; partout le concours est immense.

O vous qui n'avez pas la foi, expliquez-moi la folie de tous ces hommes et la sainte exaltation de toutes ces âmes d'élite!

XXXVIII

Je les ai vus ces pèlerins, je les ai touchés, je puis vous dire l'objet de leurs ardentes prières.

Ils demandent à Dieu, au Cœur de Jésus, par l'entremise de Marie, la résurrection de la France; ils lui redemandent leurs frères abandonnés de l'Alsace et de la Lorraine; ils demandent la liberté pour l'Église, la délivrance de son chef, le vénéré Pie IX. Et les dépenses et les fatigues ne peuvent les arrêter.

La France renaît; elle redevient la grande nation, et partout, au milieu de ce mouvement du jour et de la nuit, on entend les cloches sacrées annoncer l'heure de Dieu. Elle approche, et les pieuses cohortes se réjouissent; elles redoublent d'ardeur, elles attendent avec espoir.

XXXIX

Mais l'enfer rugit, et nos esprits forts disent : Les pèlerinages sont des manifestations politiques. Et ils paraissent se rire de l'inanité de nos efforts; et, en réalité, ces démonstrations si placides, nos sacrés-cœurs et nos chapelets exaltent leur fureur.

Eh bien, oui, nos manifestations sont politiques, car nous prions pour la patrie, et nos armes sont terribles.

Nos emblèmes religieux vous vaincront : plusieurs des
vôtres déjà sont revenus dans nos rangs.

La France impie sera aussi vaincue, et Dieu, comme
autrefois à son peuple, va donner à la France qui prie et
demande le Roi de son choix, celui qui attend la parole
de la France, l'heure de Dieu !

XL

La Révolution a compris, elle a entendu, et avant de
quitter sa terre de prédilection, elle veut engager une
nouvelle lutte ; elle appelle ses enfants ; les voilà tous,
jeunes, vieux, conservateurs, philosophes, athées, li-
bres penseurs, républicains : les voyez-vous, pourpres
de colère, courir, se mêler avec les rouges et rester
dans leurs rangs ?

Il y a peu d'épées, beaucoup de plumes, des écrits ;
on entend du bruit, des paroles, des pleurs et des gémissements ; les chefs sont au désespoir ; l'ambition est
partie, la justice est arrivée.

La fille de l'enfer, ivre de colère, déjà s'envole ; elle
va de l'est au midi, où l'appellent de nouveaux et puissants conquérants. C'est là que, depuis longtemps, ses
adeptes préparent le rendez-vous. Car pour eux, l'empire de la déesse est le pays.

O France, ô ma patrie, lève-toi, noble blessée !
lève-toi, Dieu le veut, parle et saisis la main du fils

des Rois : il t'apporte tes biens perdus, la gloire et la liberté !

Et nous, réveillons-nous; écoutons la voix de la France, l'appel de Dieu; serrons nos rangs, et la victoire est à nous.

Entourons nos représentants, soutenons la majorité, son gouvernement, son chef et l'armée.

Et contre ces ambitieux agitateurs qui nous menacent de descendre dans la rue, allons, debout! toujours, et poitrine ouverte !

Courage! courage! vrais Français, nos bras et nos cœurs se sont rajeunis devant l'étranger, notre dévouement a grandi.

On doit à son pays son intelligence et son sang.

Voilà l'heure !

Quelle joie de les offrir à Dieu et au Roi !

CATHELINEAU.

Paris, 24 octobre 1873.

PARIS. TYPOGRAPHIE DE E. PLON ET Cⁱᵉ, RUE GARANCIÈRE, 8.

www.ingramcontent.com/pod-product-compliance
Lightning Source LLC
Chambersburg PA
CBHW061319050726
47594CB00004B/1806